Bloopers
sur papier

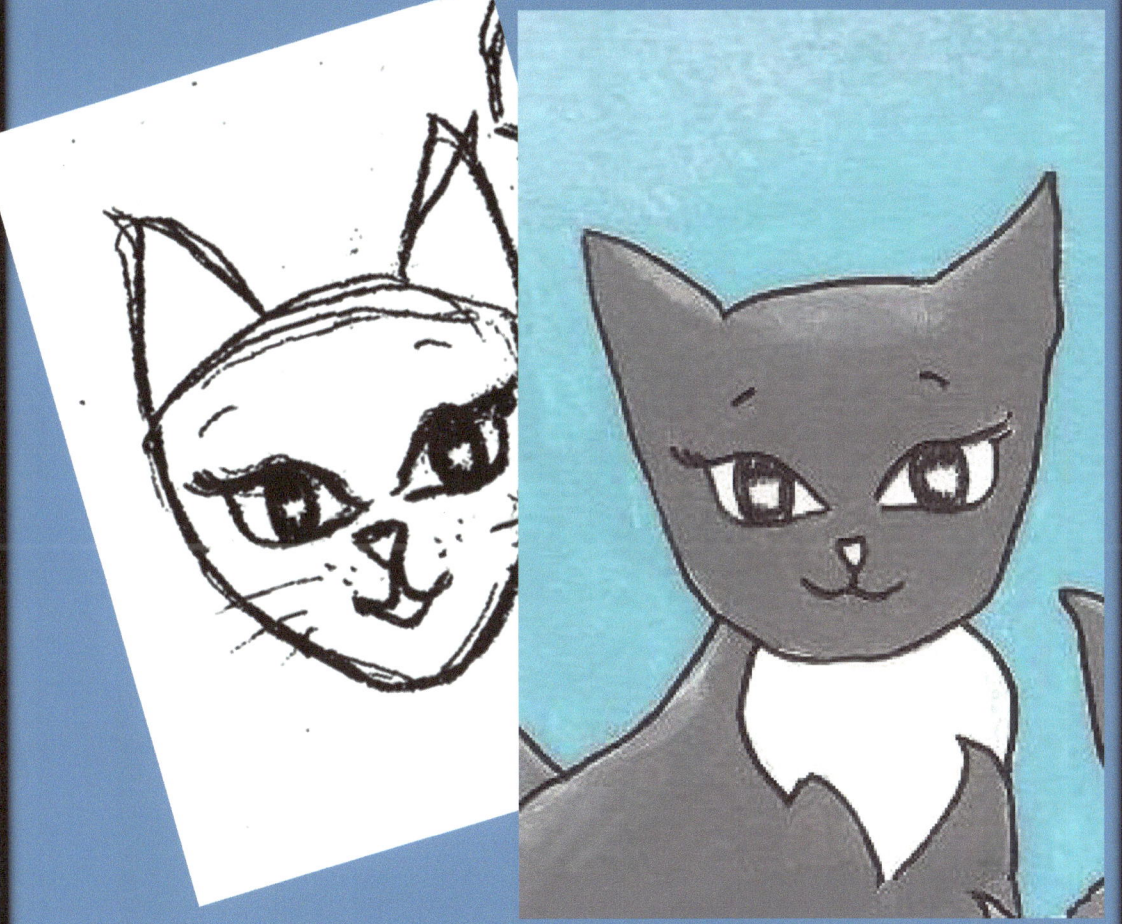

Un petit guide
pour illustrer
vos propres livres pour enfants

Sydney Pelletier

Tout-petits
Mimine et compagnie
L'arc-en-ciel du roi Nayakin
Le petit livre de l'Halloween
Prêts pour un Joyeux Noël!
Le Sorcier et l'Étoile

Jeunes Adultes
Overdose
Post-trip

Adultes Non-fiction
Bloopers sur papier

Adultes Fiction
Obsidian Drones
Le Messie de Montréal

Table des matières

Préface

Je ne suis pas une illustratrice professionnelle. Je n'ai jamais suivi de cours de dessin, ni appris à peindre selon les règles de l'art; l'équilibre subtil des ombres et de la lumière m'échappe encore! Cependant, étant aux prises avec des contraintes autant financières que matérielles, j'ai décidé de faire le grand saut : j'ai choisi d'illustrer mes livres moi-même. Pour mettre en scène les histoires, il me fallait de petits dessins tout simples, presque élémentaires, qui accompagneraient le texte sans toutefois nécessiter une dépense pécuniaire importante, cette option restant résolument hors de ma portée. Ce qui suit est donc un condensé de mes efforts, un modeste aperçu des doutes et des problèmes qu'il m'a fallu surmonter pour accomplir la tâche qui m'incombait, et ce, malgré mes limites et ma conscience de ces mêmes limites. Comme vous le verrez, j'ai surtout travaillé par essais et erreurs, trouvant souvent par hasard des solutions inespérées aux situations qui me paraissaient, à prime abord, sans issue. Avec un mélange de désespoir et d'audace, j'ai continué d'avancer sur ce chemin incertain, soutenue par l'amour de ce métier qui, pourtant, n'est pas le mien...

En espérant que ce petit guide pourra vous être utile, que ce soit pour étoffer vos propres projets, pour éviter les problèmes les plus fréquents ou même pour trouver le filon de l'inspiration, voici donc mes sketches pour enfants, petits et grands.

Bonne lecture!

Sydney Pelletier

Au démarrage

Entre la conception de l'histoire et la confection du livre, l'illustrateur-amateur chemine souvent à tâtons. Et pourtant, la mise en images commence dès les toutes premières heures de l'écriture, car le récit que vous avez imaginé comporte déjà en lui-même les bases des dessins à venir. À partir du moment où vous savez qui vos personnages sont, et où se déroule l'action, le processus d'illustration est déjà enclenché.

Diviser l'histoire

Pour mettre en relief les temps forts de votre histoire, vous pouvez commencer par choisir un format de page. Voyez ce qui convient le mieux : une orientation « paysage » ou une orientation « portrait ». Cette décision est importante : elle aura un impact sur la manière dont vous mettrez en scène les événements et les personnages, allant jusqu'à même influencer le rythme et le débit du récit. De façon générale, le format paysage convient bien aux lecteurs d'âge préscolaire, alors que le genre portrait correspond davantage à un lectorat plus âgé. Effectivement, plus votre histoire est concise, comportant peu de texte, plus vos images seront importantes. Dans ce cas, l'option paysage mettra bien en valeur vos dessins. En revanche, l'option portrait vous permettra d'imprimer votre livre plus facilement, si jamais vous souhaitez passer du mode numérique au format papier.

Format paysage (l'original fait 13.5cm x 35cm):

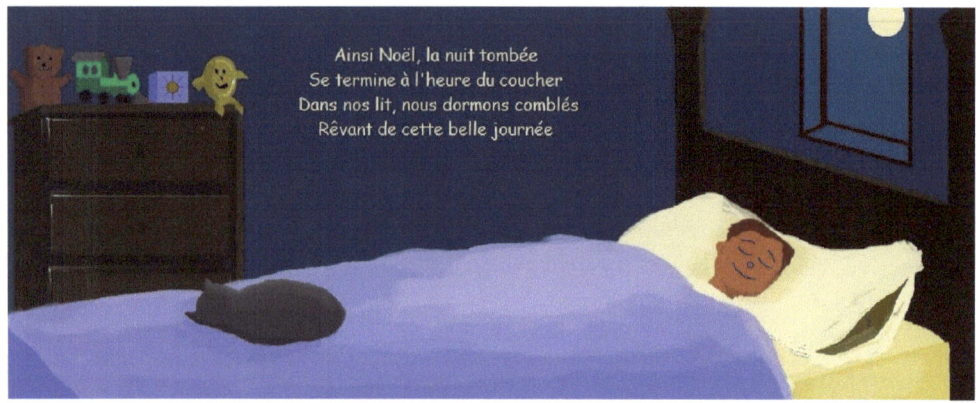

Format portrait
(l'original fait 21.5cm x 28cm;
c'est le format papier traditionnel,
soit 8½ x 11):

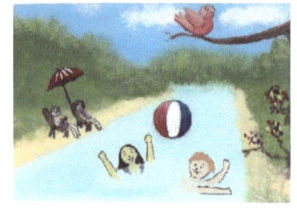

Une fois votre format choisi, pensez à diviser votre histoire en pages. Bien qu'apparemment évidente, cette étape reste néanmoins cruciale; l'idée est de donner à votre récit une force d'impulsion qui relancera la lecture de page en page. Les temps forts créent l'arc dramatique : ce sont les pivots autour desquels l'histoire change, bifurque ou prend une autre tournure. Les expressions comme « soudain » ou « tout à coup » leur servent souvent de charnières. Une fois que vous aurez identifié ces moments clés, essayez de créer une anticipation en bas de page. Vous pouvez utiliser vos dessins pour espacer le texte et créer du suspense, donnant ainsi à l'intrigue de l'élan vers son dénouement.

Cette étape délicate soulève également la question de la mise en page: voyez si le rythme est plus efficace lorsque l'histoire est racontée en mode séparé (texte et images côte à côte) ou en mode juxtaposé. Dans les exemples ci-dessous, la composition met en évidence les points-pivots, en fin de page.

Juxtaposé:

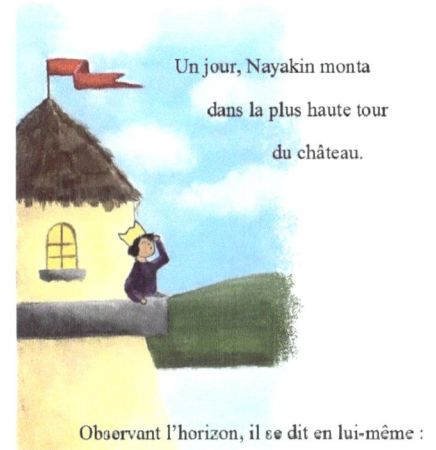

Un jour, Nayakin monta
dans la plus haute tour
du château.

Observant l'horizon, il se dit en lui-même :

« Mon île est si jolie! Il ne manque qu'une

seule chose : un arc-en-ciel. »

Le roi eut beau regarder, il n'en voyait nulle part.

Il décida donc de partir à la recherche d'un arc-en-ciel.

Séparé:

Bien à contrecœur, le Sorcier se concentra. Il emmena avec lui toute sa sagesse ramassée et descendit, incertain et titubant, au fond de lui-même. C'était une pente abrupte et escarpée qu'il portait au-dedans de son corps, une pente gravée par les chagrins ravalés, les doutes vaincus mais toujours renaissants, les expériences qu'il avait vécues sans attention, l'intérêt toujours tiré ailleurs. Au passage, il trébucha sur quelques vieux secrets empilés chronologiquement, il heurta d'anciennes formules savantes apprises par cœur mais sans amour, il aperçut de loin le mirage d'un rêve brisé, mis de côté il y a longtemps. Il se rapprochait du centre. À part son chien Clément, qu'il portait niché tout près de son cœur, on aurait dit qu'il n'y avait rien. Pourtant, le vieillard continua d'avancer.

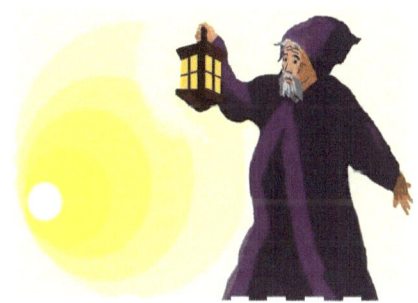

L'option côte à côte est intéressante, en particulier si votre histoire comporte beaucoup de texte. Idéalement, la mise en page devrait rehausser à la fois le fond et la forme, donnant plus de relief au dessin tout en accentuant les points tournants de votre récit. Même placés en juxtaposition, l'image et le texte ne devraient jamais empiéter l'un sur l'autre; ils devraient plutôt se compléter et se parfaire en s'associant. Plus facile à dire qu'à faire? En fait, il ne s'agit souvent que de procéder par essais et erreurs : n'ayez pas peur de mettre vos idées à l'épreuve, en vrai, sur la page, afin de tester différentes versions. Il faut parfois fignoler longtemps avant de trouver la composition idéale!

Les personnages

Inventer des personnages, leur identité et leur apparence, est l'une des étapes les plus amusantes de la création d'un livre pour enfants. Selon votre aptitude au dessin, vos personnages peuvent avoir l'air réaliste, prendre une allure « bande dessinée », avoir le genre naïf ou un look très détaillé. À l'étape de l'écriture, nous avons souvent une idée précise de ce à quoi ressemblent nos personnages. Nous savons, par exemple, qu'ils ont les cheveux blonds, qu'ils portent un chapeau ou s'appuient sur une canne. Ces détails sont importants puisqu'ils peuvent servir à ancrer un personnage spécifique dans une histoire, ou dans plus d'une histoire, si vous souhaitez créer une série. Voyez si vos personnages sont des figures récurrentes ou s'il s'agit plutôt d'entités interchangeables. Laissez-vous prendre au jeu! Parfois, nos propres créations nous surprennent et nous mènent vers des horizons insoupçonnés…

Dans *L'arc-en-ciel du roi Nayakin*, le roi est un personnage récurrent, mais les villageois qu'il rencontre tout au long de son aventure sont des êtres anonymes.

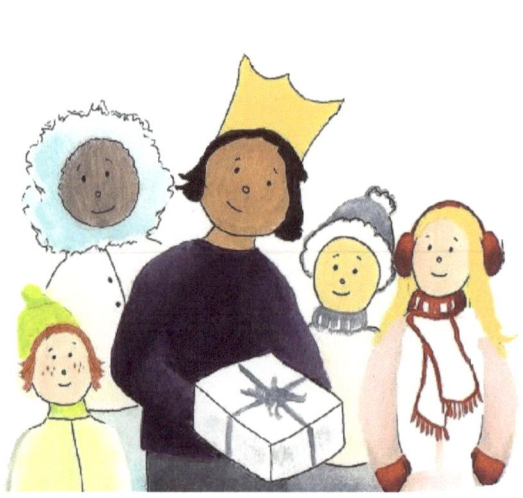
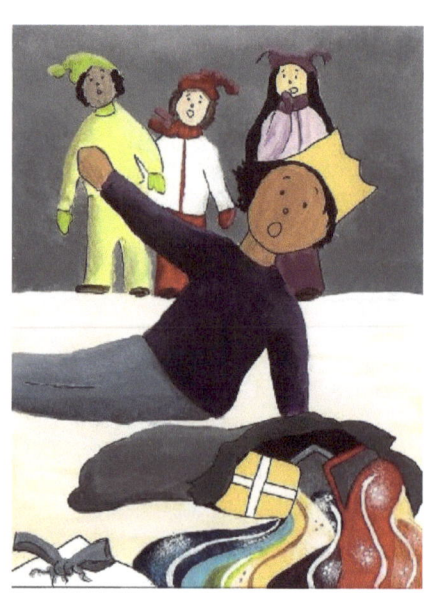

Dans mon livre sur l'Halloween, j'ai plutôt choisi de conserver les mêmes personnages tout au long de l'histoire, même s'il s'agissait d'un album dans lequel l'identité des protagonistes était sans importance. J'ai beaucoup aimé mettre en scène la métamorphose des personnages, lorsqu'ils se costument pour la récolte.

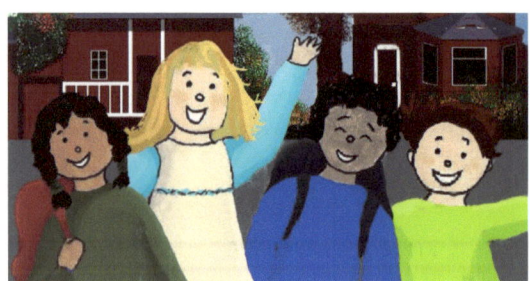
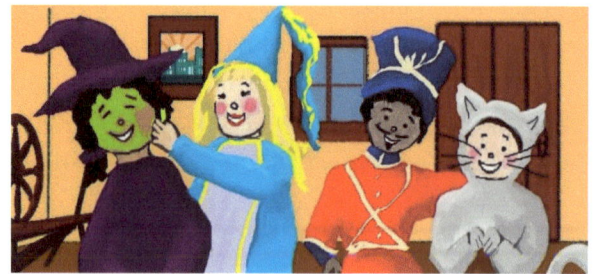

L'arrière-plan

Pour moi, la conception de l'arrière-plan n'est jamais chose facile. Une fois l'histoire établie et les personnages créés, l'arrière-plan est souvent l'écueil ou je m'échoue! Au fil du temps, j'ai compris que le « décor » d'un dessin devrait être intéressant, sans être trop chargé; une composition trop lourde peut détourner l'attention de votre lecteur et nuire à l'action que vous tentez de dépeindre.

Voyez plutôt l'exemple ci-dessous: j'ai commencé ce sketch pour servir d'arrière-fond à une scène dans *Le petit livre de l'Halloween*, quand les enfants font du porte-à-porte. Bien que très détaillé, le dessin poussait le texte au second plan et réduisait les personnages à l'état de figurants. Ce dessin a donc dû être relégué aux oubliettes. Il ne faut pas craindre de jeter des bonnes idées ou d'abandonner de beaux décors. Qui sait? Ils trouveront peut-être leur place dans un autre projet.

Un arrière-plan trop compliqué :

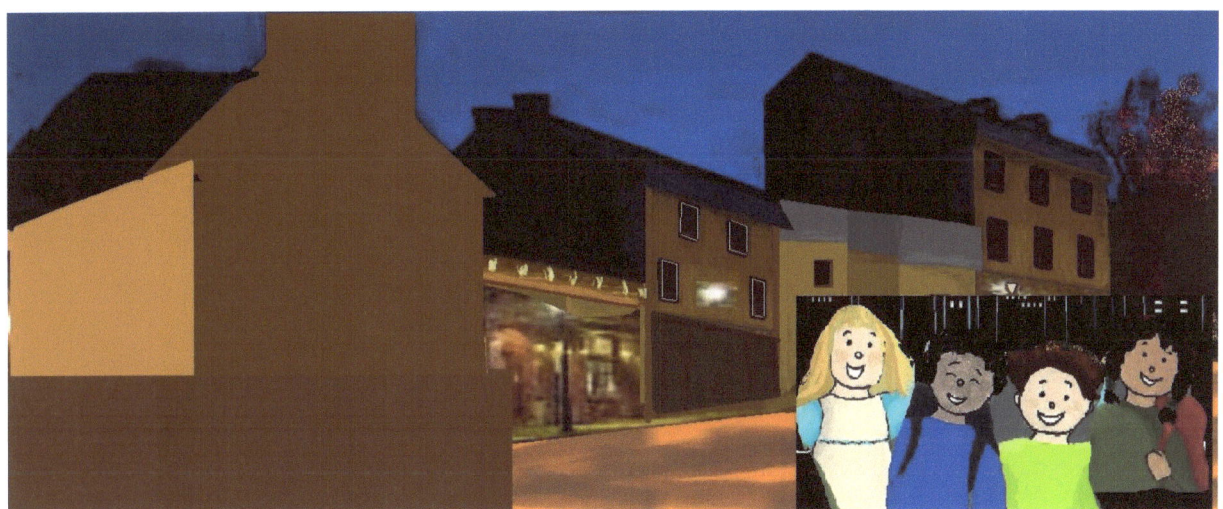

Et la version finale : un décor beaucoup plus simple, avec plus d'emphase sur les personnages :

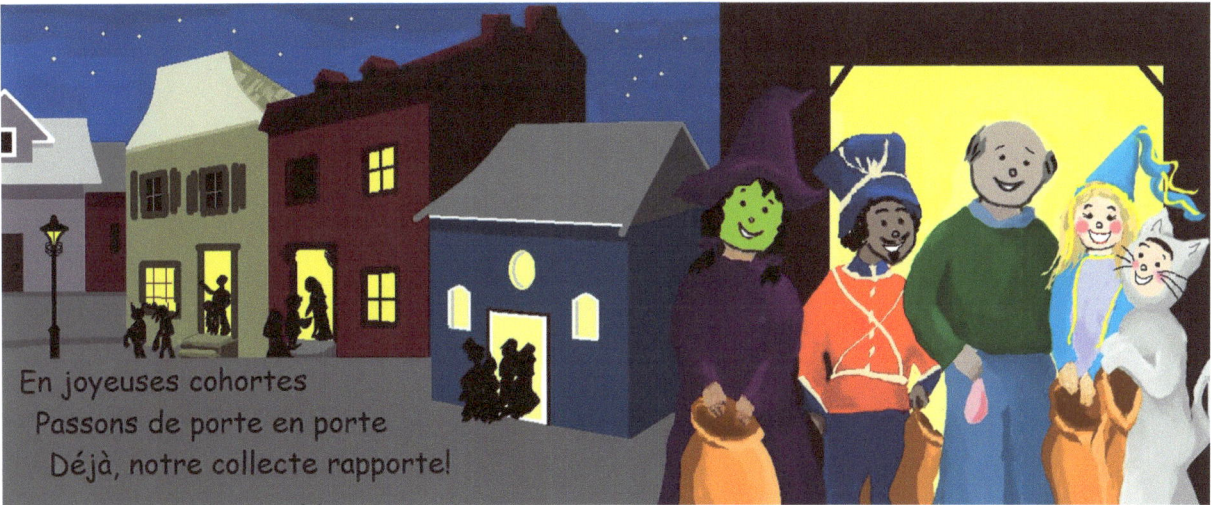

Petite note: je me suis amusée à insérer une version retournée de la Grande Ourse dans le ciel. J'aime ces petits détails anodins, presque cachés.

Visages en images

Il m'a fallu beaucoup de temps pour trouver les traits des visages des chats dans *Mimine et compagnie*. De tous mes projets, c'est celui-ci qui m'a donné le plus de fil à retordre. J'ai travaillé au hasard jusqu'à ce que j'aie trouvé ce que je cherchais. Je me suis inspirée de caricatures, de bandes dessinées, de mes chats et de mes propres expressions faciales…

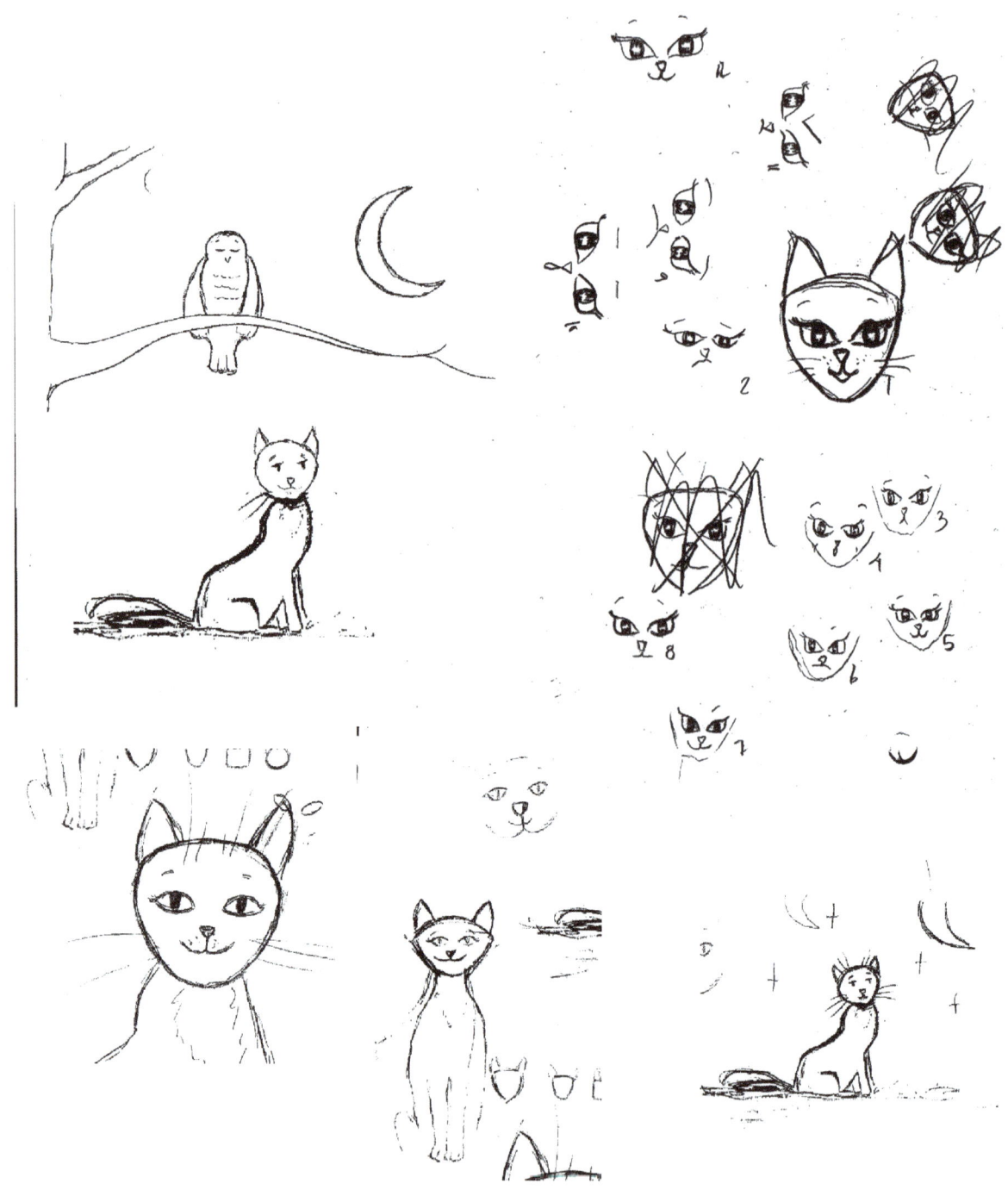

La toile de fond

Ce n'est qu'au moment d'illustrer mon tout premier livre que j'ai compris à quel point les détails et les accessoires du décor sont à traiter avec parcimonie. Quelques années auparavant, j'avais peint la couverture de deux romans, mais à l'époque, je tâchais simplement de rendre le titre accrocheur, sans me soucier des espaces négatifs où l'image peut respirer. Cette technique s'est vite avérée contre-productive en ce qui concerne les livres destinés aux enfants. J'ai donc retravaillé mes dessins en partant du principe que moins je tenterais d'en mettre plein la vue, plus l'image serait « parlante ».

Ma première tentative pour réaliser la page couverture de mon livre sur l'Halloween fut un échec. L'image croulait littéralement sous les détails et le titre se perdait dans la brume!

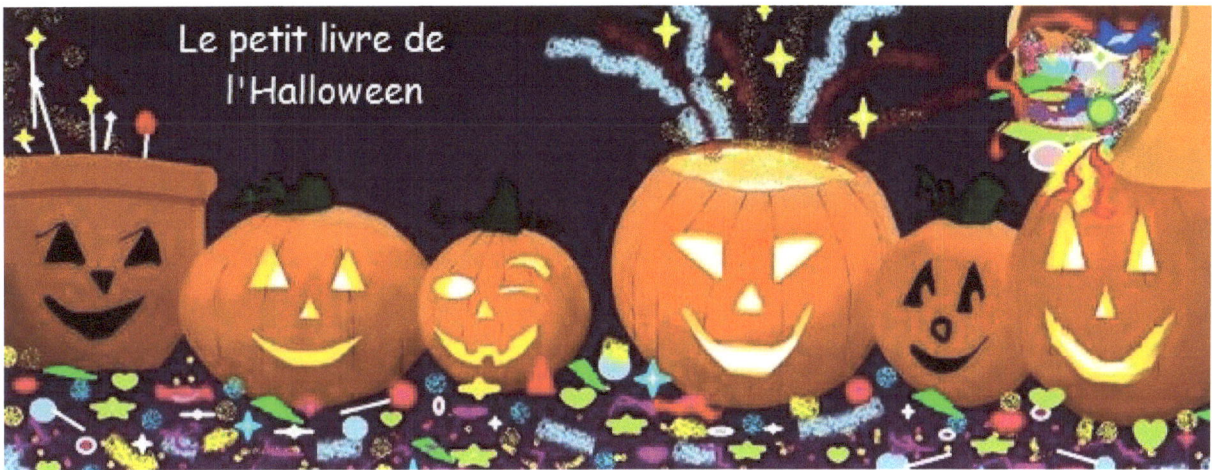

Par contre, j'ai pu réutiliser la même image à bon escient, à la toute dernière page, quand l'histoire culmine dans l'abondance post-récolte de bonbons :

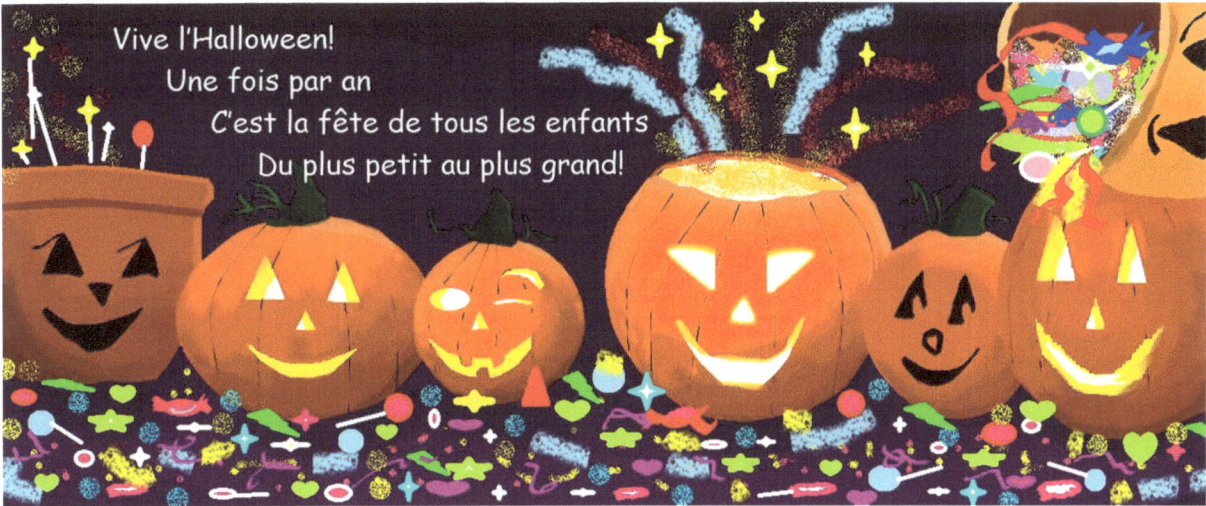

Une touche de couleur

Pour moi, le réglage des couleurs est toujours un processus long et pénible. Dans ce sketch par exemple, il m'a fallu du temps pour découvrir le problème. Pourquoi mes personnages paraissaient-ils perdre en éclat? Réponse : la couleur du pyjama vert. Trop pâle, il se fondait avec les couleurs autour!

Avant: Après:

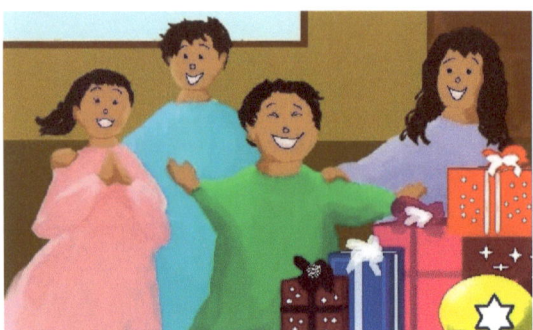   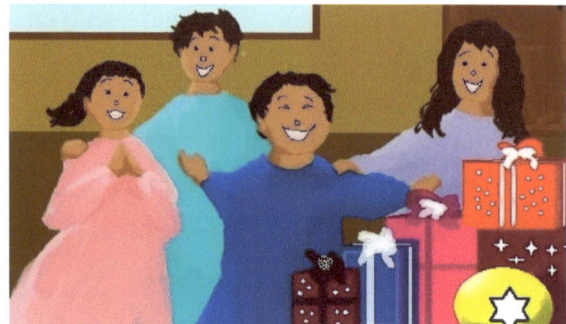

Ici, j'ai choisi de peindre la ville en arrière-fond, de façon quasi monochrome, afin de donner plus de relief aux personnages et à leurs sacs remplis de bonbons.

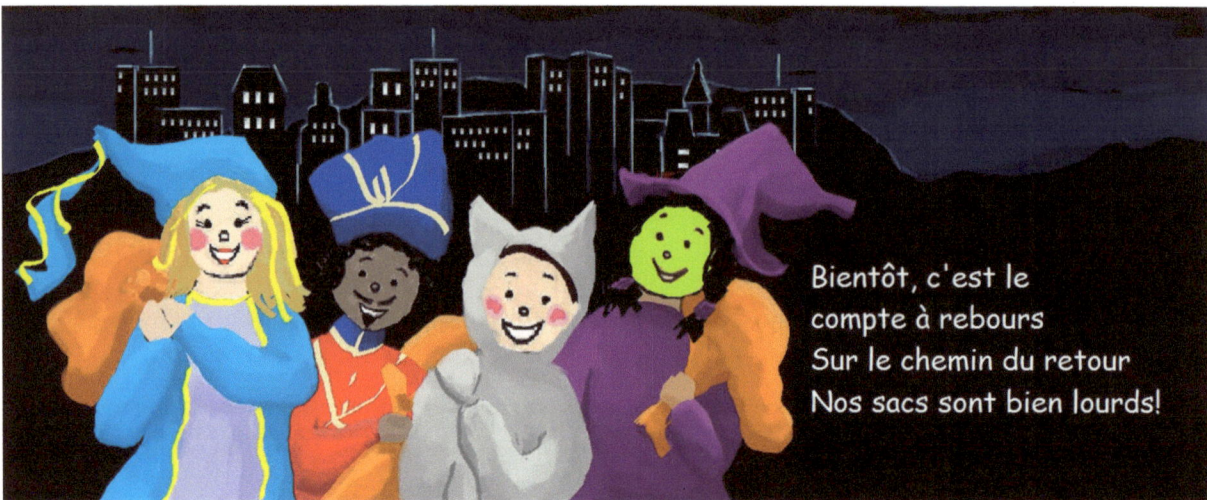

Un autre exemple de choix de couleurs: Version finale:

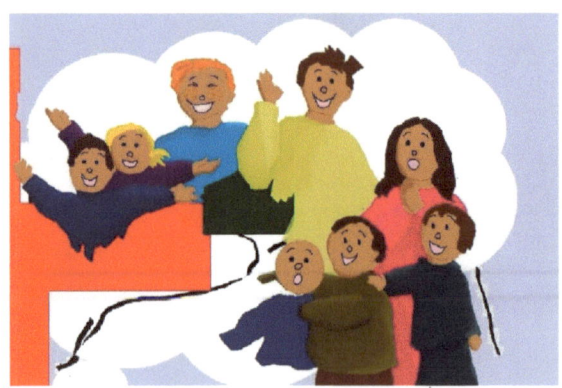   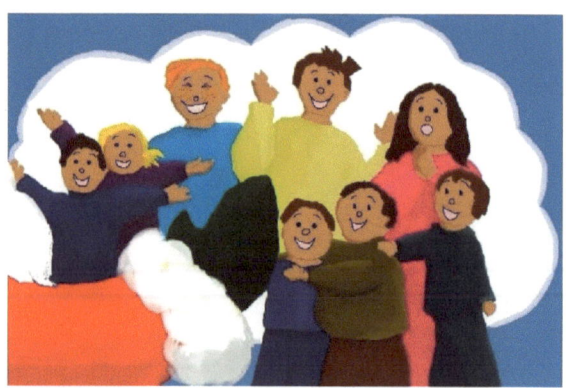

Pas facile, l'expression faciale

Cette première ébauche n'était vraiment pas à la hauteur! J'avais besoin d'un visage plein de tendresse pour la "scène de révélation " dans *Le Sorcier et l'Étoile*.

Avant: Après:

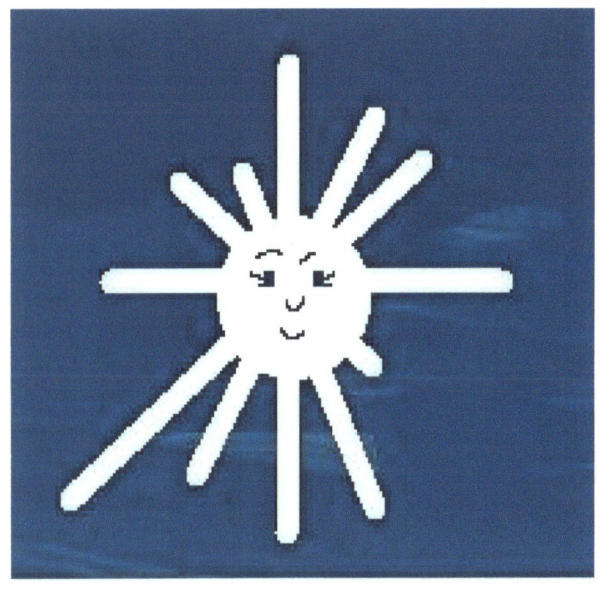   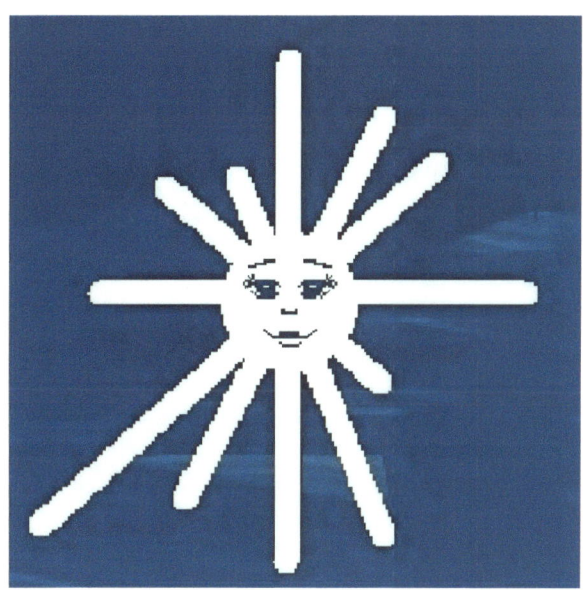

Je me suis heurtée au même problème avec le personnage ci-dessous. Le dessin est tout de suite devenu plus intéressant quand j'ai tourné le visage vers le lecteur. Même pour moi, l'effet fut bénéfique : ce tout petit changement m'a permis de trouver comment procéder par la suite!

Avant: Après:

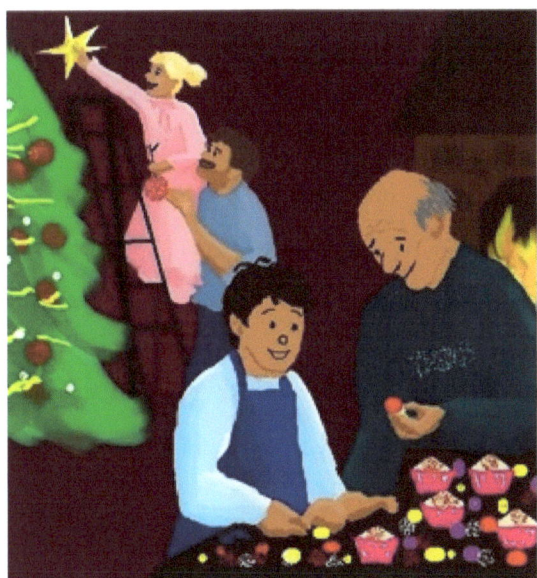   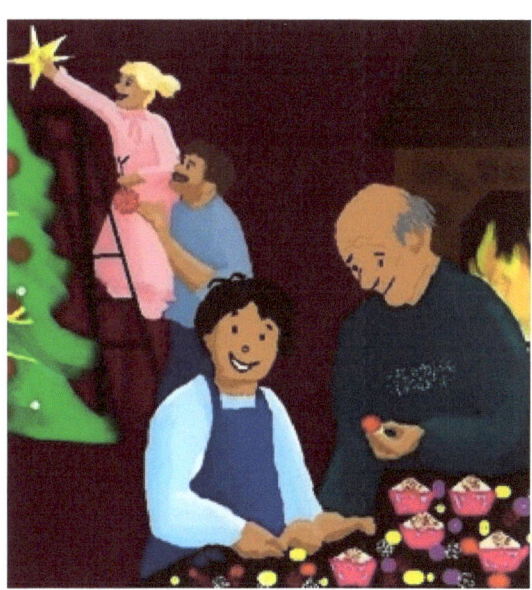

Des images en montage

Le montage d'un dessin peut nécessiter, lui aussi, de nombreux remaniements; en fait, il n'y a pas de mise en page parfaite. Les possibilités qui s'offrent à vous sont illimitées, et, bien sûr, tout est matière de goût! Un survol des options à votre disposition (texte aligné, désaligné, dessin centré, décentré, etc.) vous permettra de trouver la mise en page optimale. Lorsque je transfère mes dessins dans un document Word, je travaille d'abord en plan rapproché avant de visualiser la page en entier pour effectuer le réglage. Je me sers alors des Outils de Dessin; ceux-ci deviennent disponibles une fois que vous aurez cliqué sur l'image que vous venez d'importer.

Une première possibilité: décalé, mais avec trop d'emphase sur la fenêtre

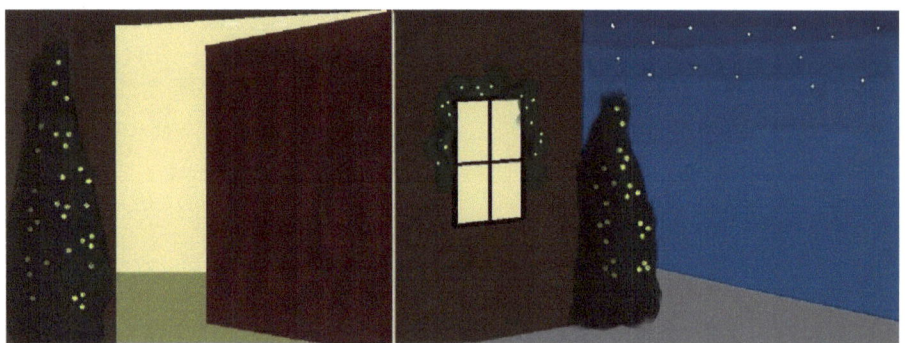

Une autre tentative:

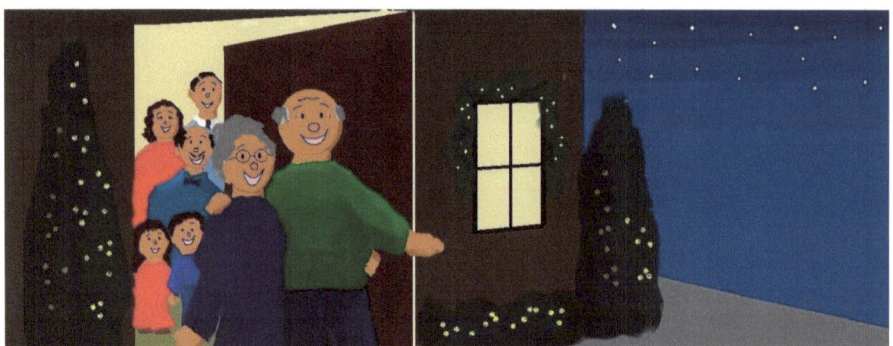

La version finale: plus d'arbres à gauche, moins de mur à droite, et de la neige!

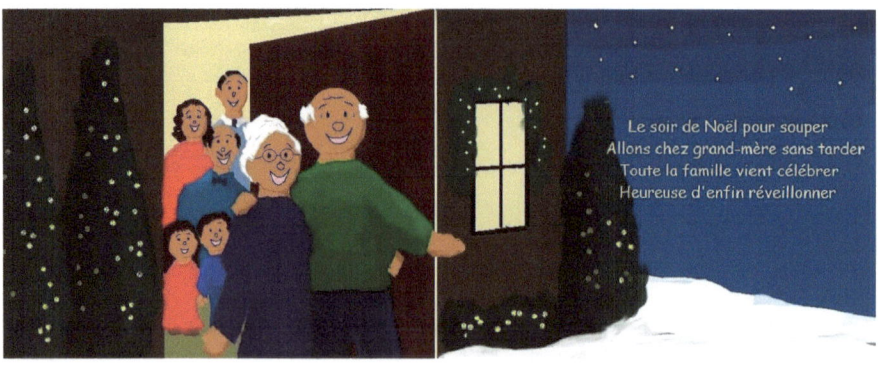

Des titres et des lettres

Pour les livres pour enfants, je crois que la police de caractères Comic Sans MS fonctionne bien. Toutefois, c'est un choix tellement populaire qu'il peut parfois paraître redondant… Quant à moi, je préfère généralement des titres simples et clairs, mais ici, en sélectionnant puis en tirant par le bas le mot « Halloween », j'ai pu donner à mon titre une jolie petite touche macabre.

La fameux Comic Sans MS:

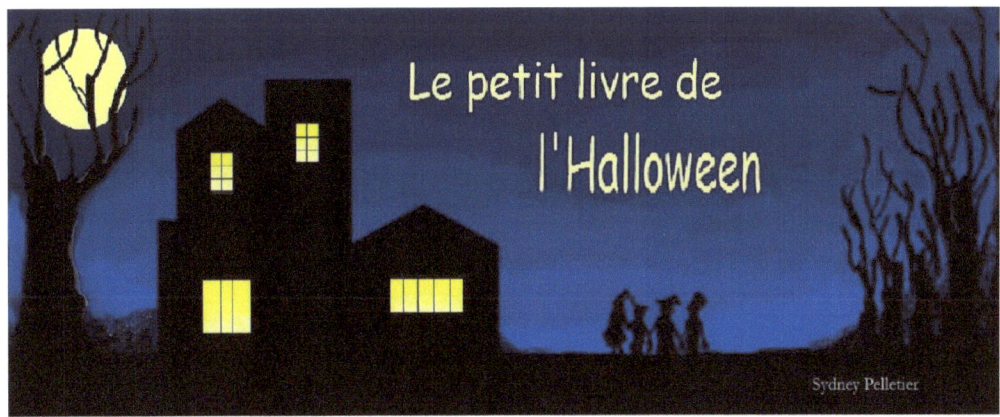

Pour *Mimine et compagnie*, j'ai choisi la police Bradley Hand ITC. En jouant avec le titre, j'ai finalement opté pour une version où les mots semblent légèrement « embrasser » les personnages. Pour *Le Sorcier et l'Étoile,* j'ai pensé qu'une police d'allure plus médiévale ferait l'affaire, mais j'ai vite découvert que l'effet devenait trop chargé si je l'utilisais également pour le corps du texte. Comme compromis, j'ai gardé cette police pour le titre (Tempus Sans ITC), tout en conservant le classique Times New Roman pour le texte lui-même. La police de caractères Papyrus aurait aussi été un bon choix pour ce titre.

Bradley Hand ITC:

Tempus Sans ITC:

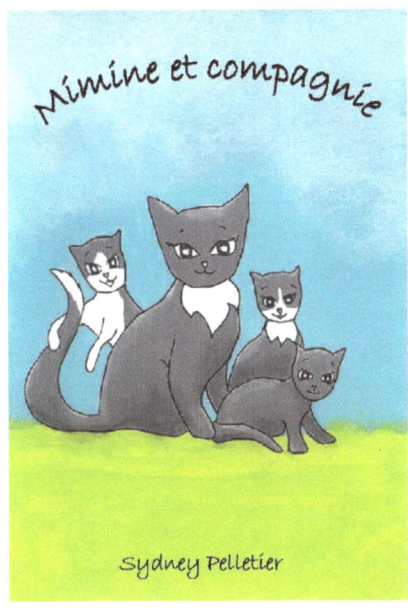

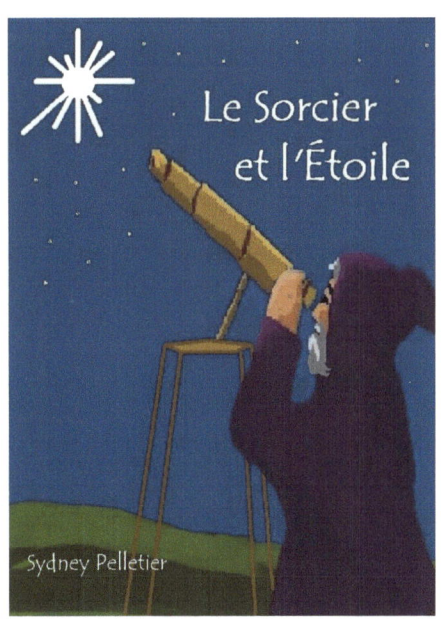

Les options de dessins

Je trouve les options de dessin intéressantes, mais certaines d'entre elles, comme les bordures, fonctionnent mal une fois le livre converti pour la publication en numérique. J'ai eu le même problème en utilisant les options de texture d'image, en particulier l'effet artistique « diffuse glow ». L'effet « film grain », par contre, a conservé une belle patine; je l'ai employé dans *Le Sorcier et l'Étoile*, lorsque le Sorcier se remémore son passé.

L'image originale :

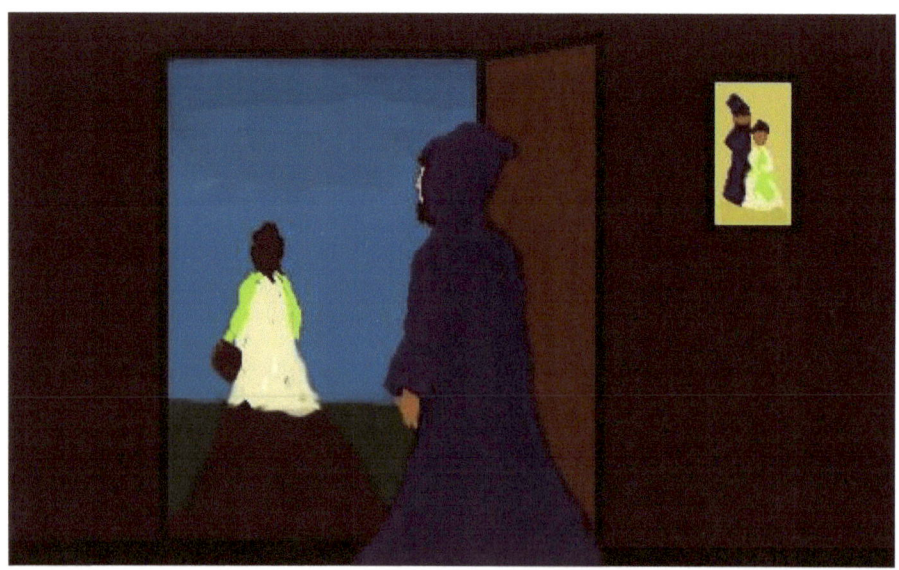

Avec l'effet artistique "film grain":

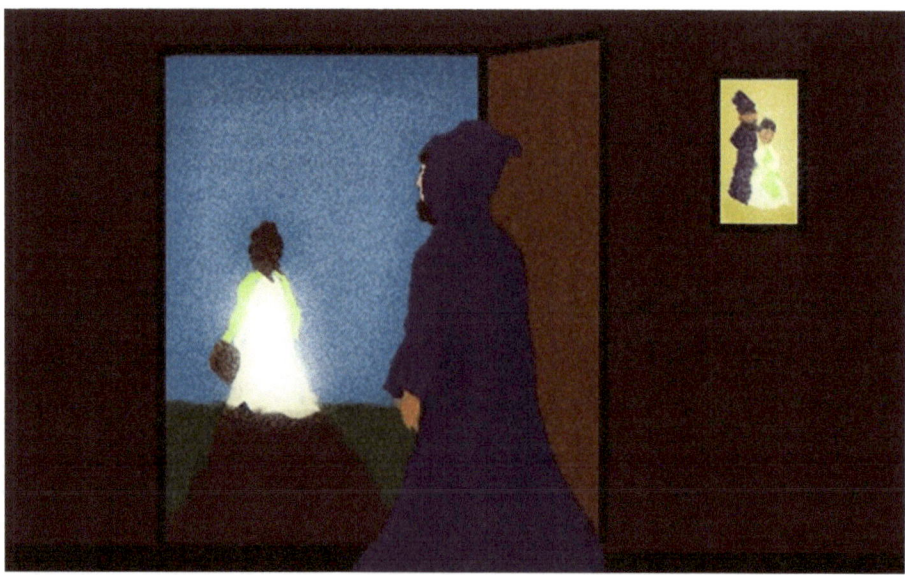

La photographie

Pour parer au syndrome de la page blanche (inévitable, autant au stade de l'écriture qu'au stade de l'illustration), je me mets souvent en quête de vraies images. C'est parfois pratique pour sortir de l'ornière! Ici, pour achever un dessin qui me donnait du mal, je me suis inspirée de la photo d'un pauvre chien perdu.

L'image de départ (du site Internet Animal Blog):

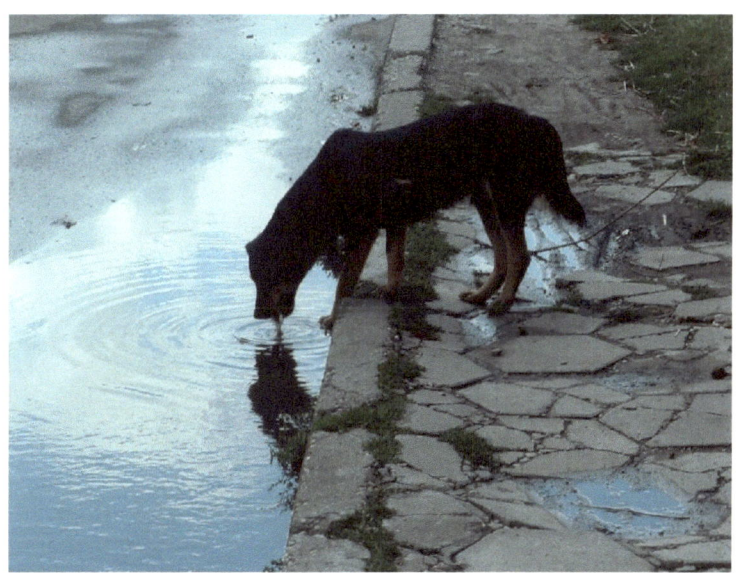

Mon dessin, où j'ai repris des éléments clefs.

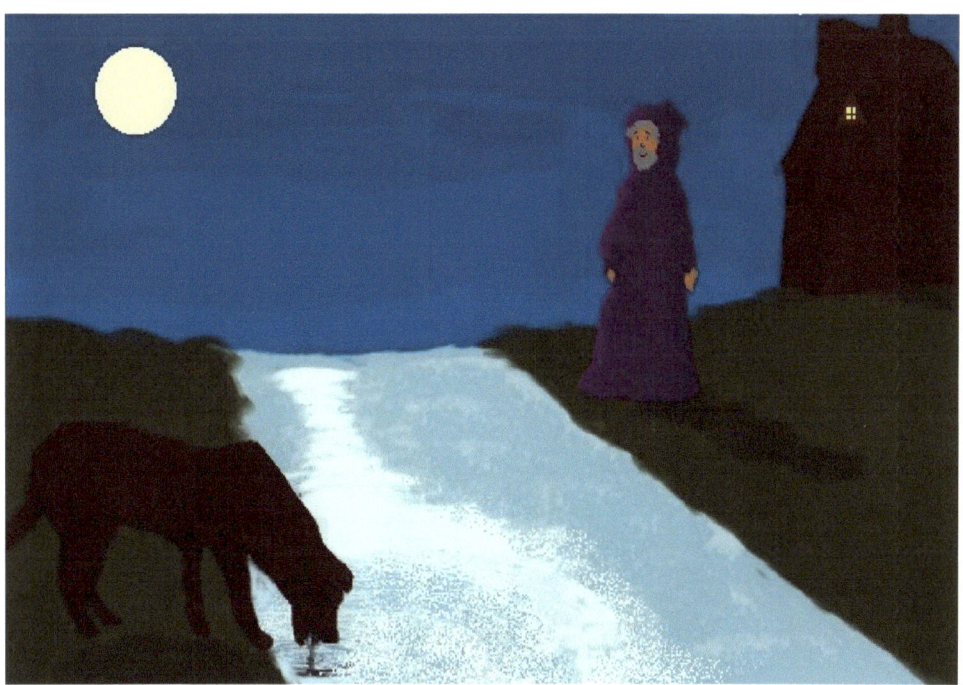

Les droits d'auteur

Si vous vous servez d'images prises sur Internet, respectez les droits d'auteur; si possible, nommez toujours vos sources. Je me suis allègrement plagiée moi-même lorsque j'ai inclus le personnage de Mimine dans *Prêts pour un Joyeux Noël!* Sa présence ici me plaisait et mon acte délibéré de « copier/coller » s'est fait sans aucun scrupule de conscience…

Voyez-vous Mimine? Simple copie du dessin original.

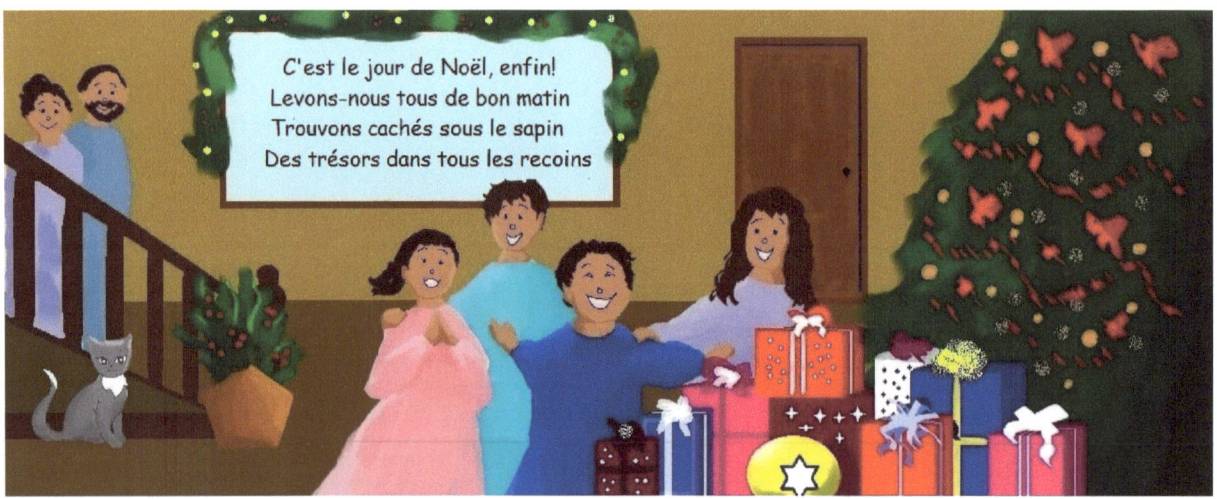

J'ai également repris l'un de mes personnages anonymes du *Le petit livre de l'Halloween* : dans le livre de Noël, on le voit prendre part aux préparatifs du réveillon. J'aime insérer des visages familiers dans mes livres; j'ai l'impression que cela donne de la cohésion à la collection!

Dans le livre de l'Halloween :   Dans le livre de Noël (copier, coller – et flip horizontal!) :

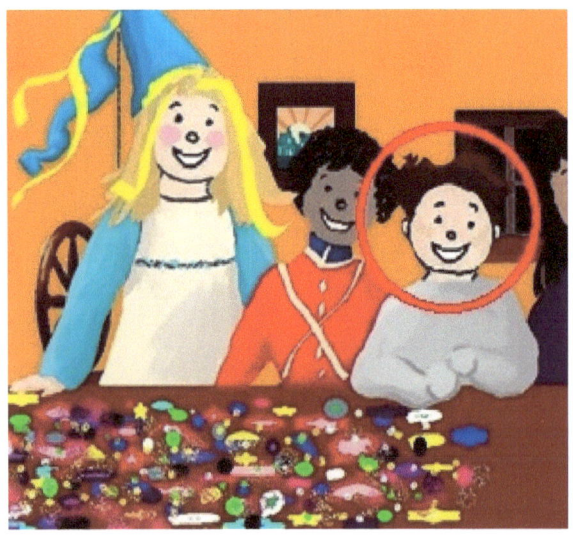   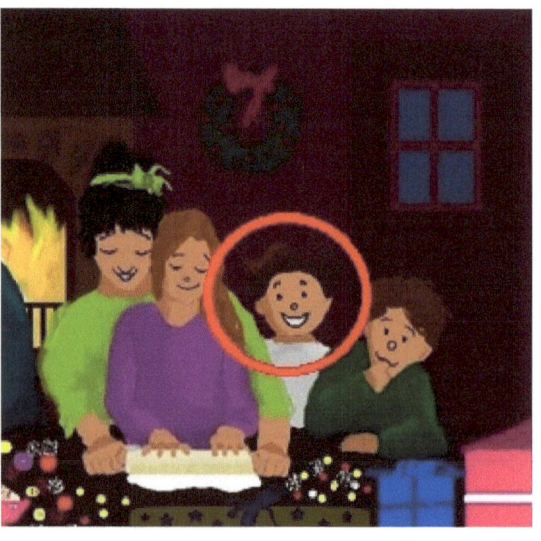

Une autre répétition qui m'a plu : en transposant ces maisons dans un contexte hivernal, je me suis amusée à décorer les devantures pour les Fêtes, donnant ainsi à cette image une autre allure!

Le dessin original:

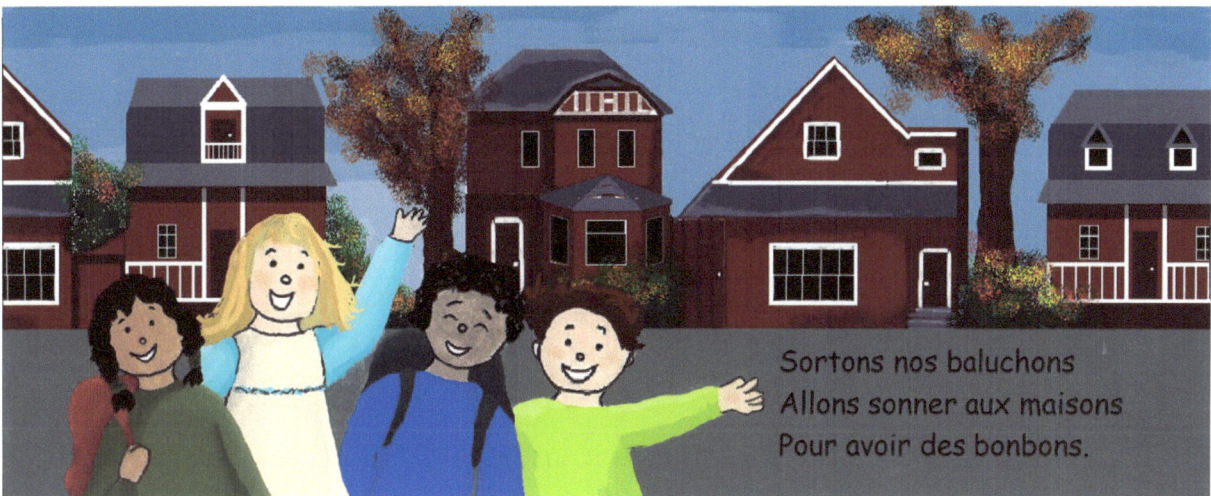

Sortons nos baluchons
Allons sonner aux maisons
Pour avoir des bonbons.

La version « hiver »:

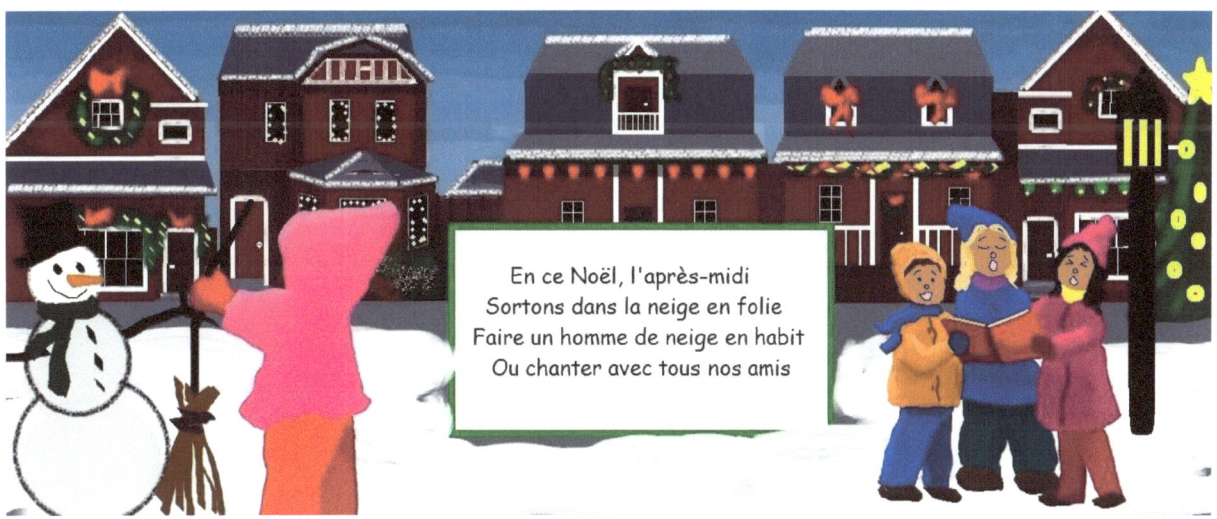

En ce Noël, l'après-midi
Sortons dans la neige en folie
Faire un homme de neige en habit
Ou chanter avec tous nos amis

Vraies photos, prise deux

Pour *Mimine et compagnie*, je me suis beaucoup inspirée de mes propres chats. Puisque le livre racontait la véritable histoire de leur sauvetage, j'ai pu ainsi découvrir plus facilement la personnalité individuelle de chaque personnage. C'est aussi un bel hommage; deux de mes chats sont décédés depuis.

Mes chéris :

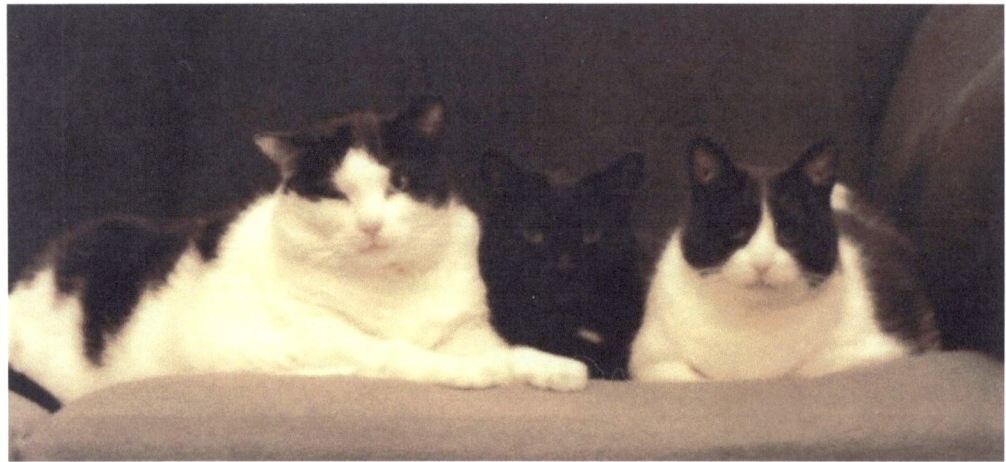

Les personnages qu'ils ont inspirés:

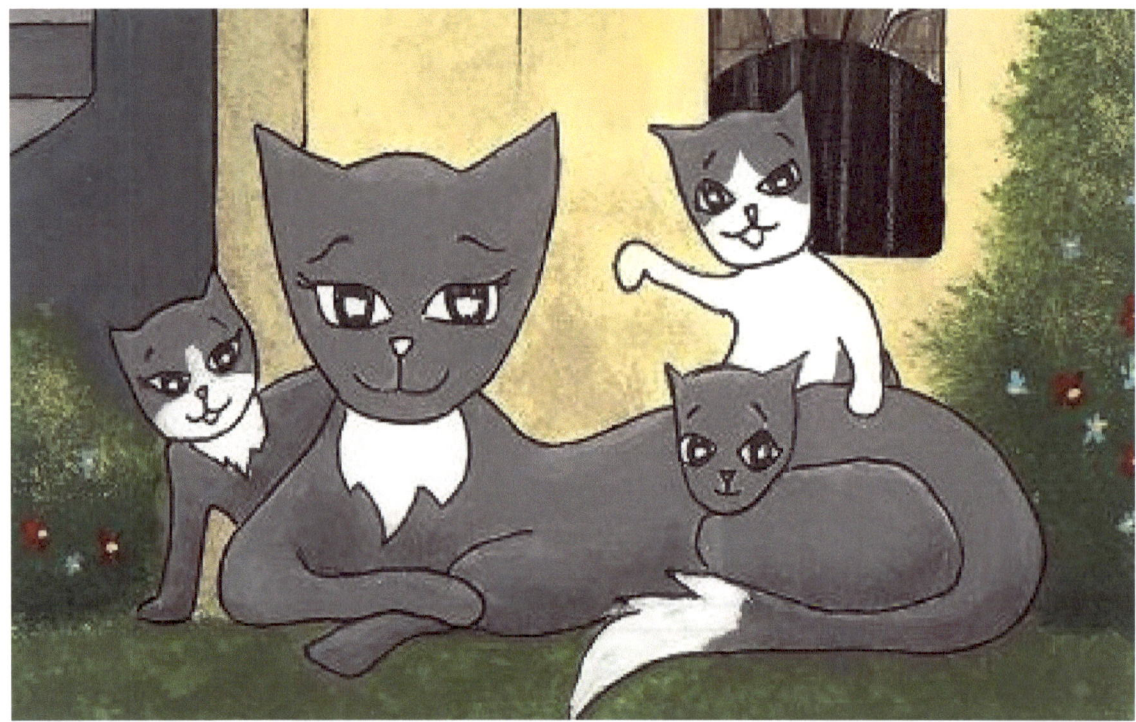

Des problèmes au canevas

Je voulais quelque chose d'un peu plus sophistiqué (hum!) pour les couvertures de mes romans pour jeunes adultes. J'ai choisi de peindre en acrylique sur un vrai canevas, puis de scanner le résultat. C'est à cette étape que les problèmes ont surgi : la belle texture du canevas, captée à l'image, s'est affichée à l'écran en grand détail, incluant les pâtés de peinture et le grain de surface, donnant au dessin un aspect à la fois brumeux et bulbeux. Manquant alors de temps et de connaissances pour régler le problème à l'ordinateur, j'ai dû me contenter de la qualité approximative du résultat – et me consoler en songeant que mes romans, qui font tous partie de la même série, partageraient au moins le même look...

L'une des couvertures (et la vaine tentative pour cacher les défauts derrière mon nom et le titre) :

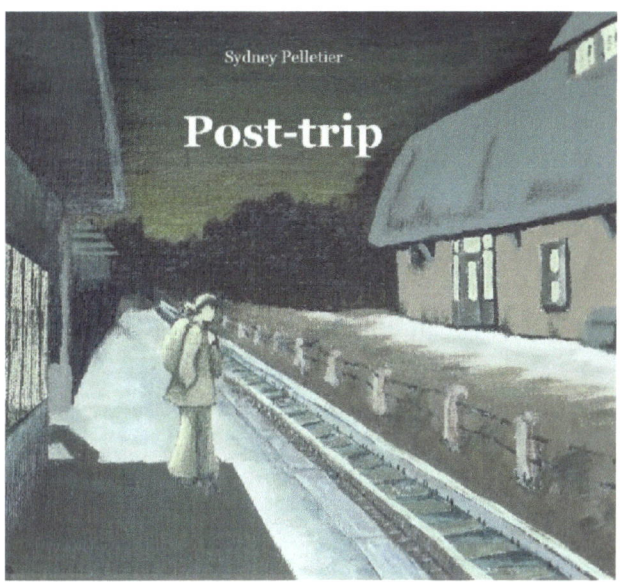

À y regarder de plus près...

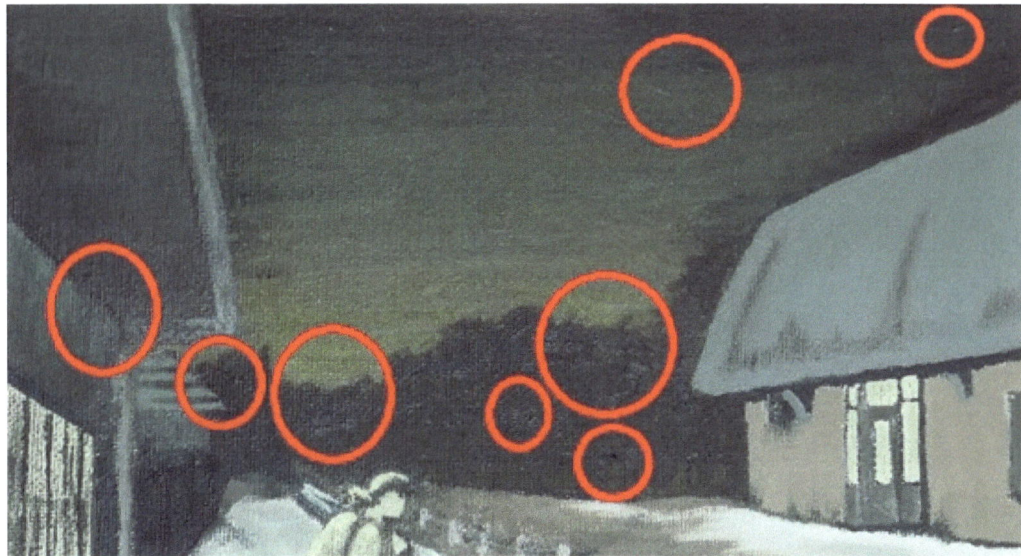

Vraie peinture, vraie torture?

Il y a une division naturelle entre peindre concrètement (au pinceau, sur papier) et peindre virtuellement (sur ordinateur). Bien sûr, les deux techniques comportent des avantages (et des désavantages!), mais j'avoue que j'ai une préférence marquée pour le dessin à la main. La bonne vieille méthode du tracé sur papier me permet d'être plus précise, en particulier lorsqu'il s'agit d'expressions faciales; à l'ordinateur, un seul pixel mal placé suffit souvent pour changer le sourire d'un personnage en rictus. Il m'a fallu du temps pour apprendre à peindre sur ordinateur! Pourtant, le programme Paint, dans Office, offre une vaste gamme d'effets artistiques, tous intéressants. Les fonctions de base telles que copie/coller sont évidemment au rendez-vous, mais il est également possible de changer les dimensions du dessin, de le rogner ou de le recadrer, et d'en modifier les couleurs. Paint offre aussi un choix de « pinceaux ». Par exemple:

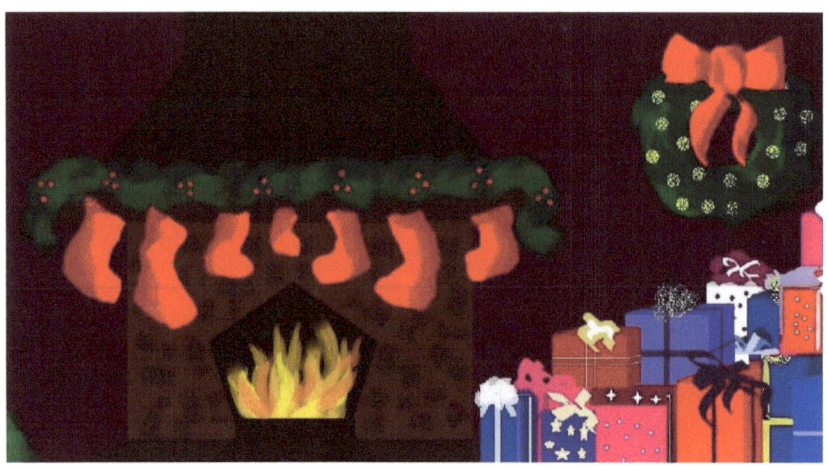

dans ce dessin, j'ai utilisé le pinceau à l'huile pour la couronne;
le pinceau à l'aquarelle pour les flammes;
la brosse à calligraphie pour les boucles;
le marqueur pour les rubans sur les cadeaux;
l'aérographe pour les ornements;
et le simple crayon pour créer un effet de briquetage sur la cheminée.

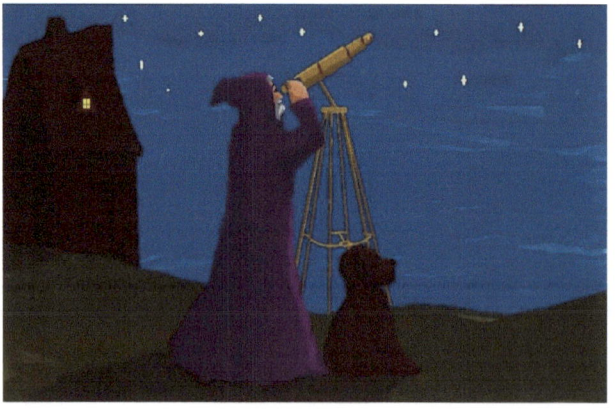

Ci-contre, le crayon m'a aussi permis de peindre les tuiles sur le cottage du Sorcier.

Dans le même dessin, je me suis servie du pinceau à l'huile pour peindre à la fois le ciel et le pré verdoyant...

Une autre technique consiste à faire la première ébauche à la main, puis de la scanner pour la retoucher dans Paint. Après mon expérience décevante avec les canevas, je suis retournée à l'acrylique, mais cette fois en peignant sur un papier Bristol, fini vélin. Même s'il s'agit d'un papier généralement employé pour les médias secs, j'ai été contente du résultat. Je me suis donc servie de cette technique pour deux livres, scannant tous les dessins et effectuant ensuite les retouches sur ordinateur. Les erreurs furent, cette fois, faciles à réparer, masquer ou effacer. Le programme Paint permet en outre la reprise de la couleur originale grâce à sa « pipette à couleurs ».

Le dessin original, avec tout le côté gauche manquant…

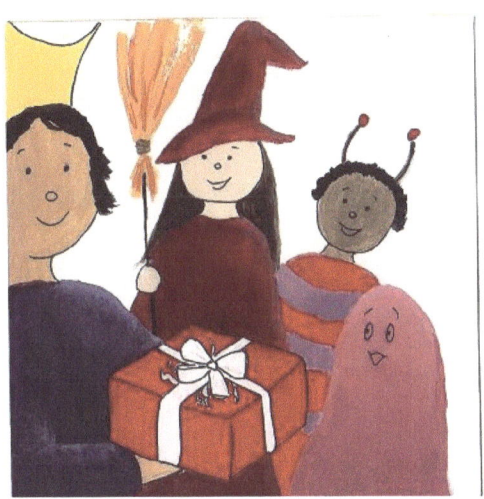

….puis légèrement retouché dans Paint:

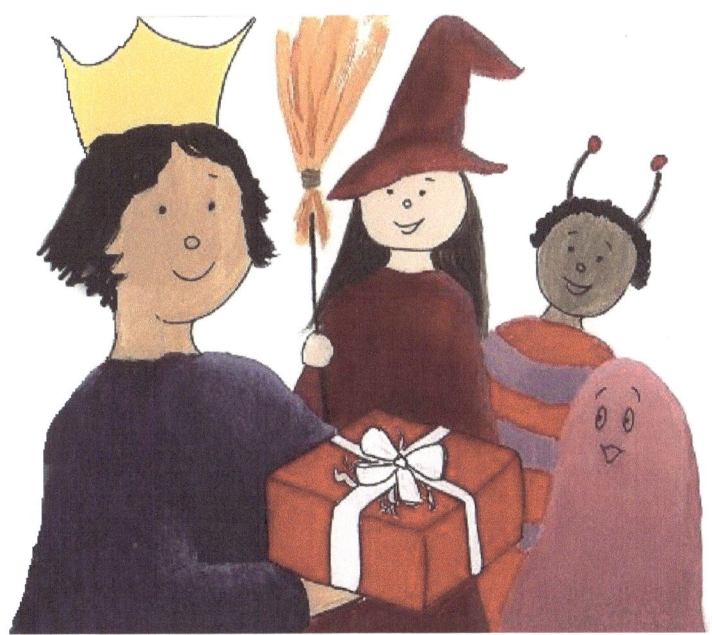

Un autre dessin original:

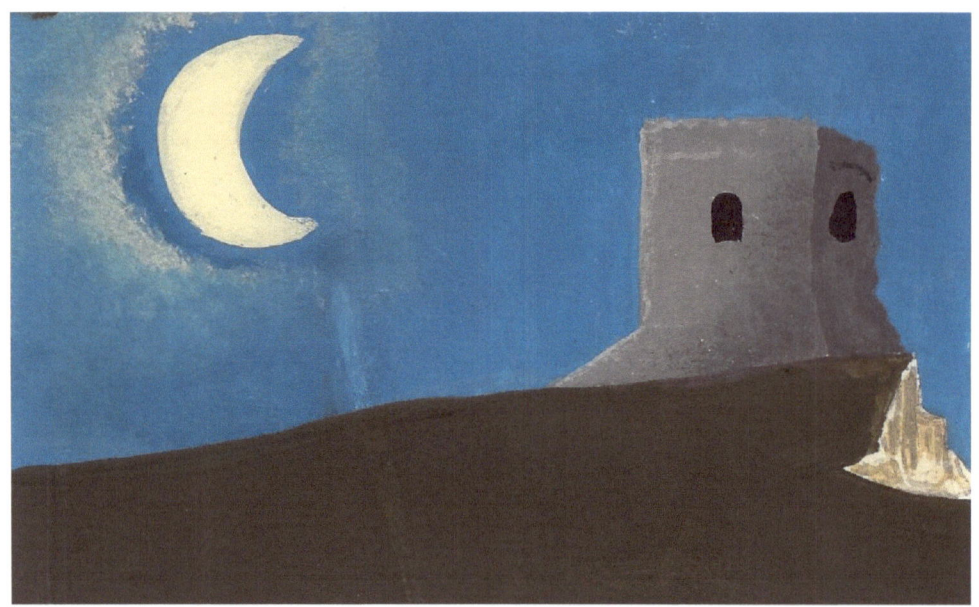

Puis repris dans Paint:

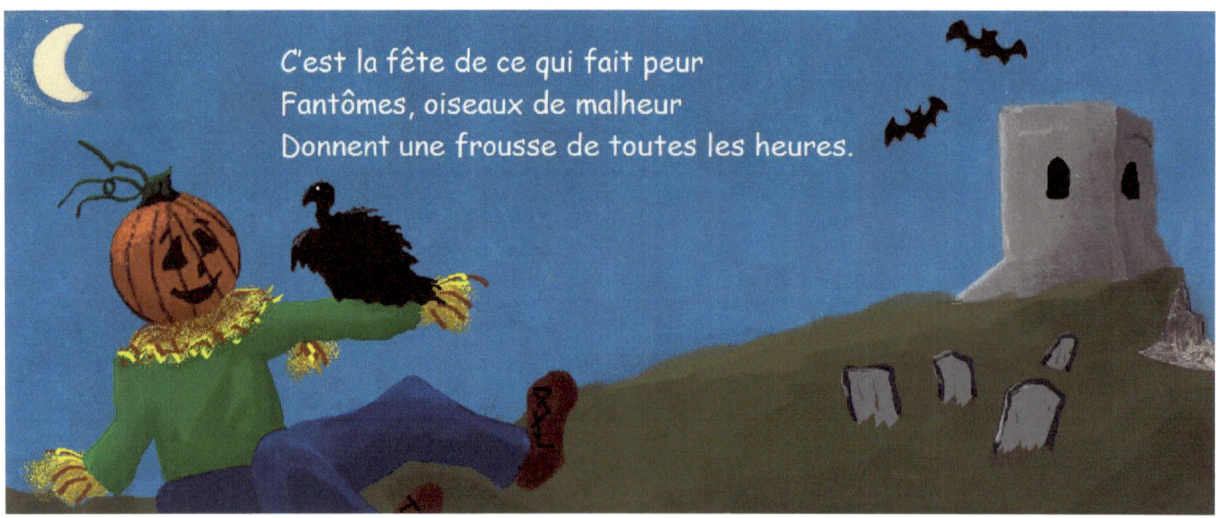

C'est la fête de ce qui fait peur
Fantômes, oiseaux de malheur
Donnent une frousse de toutes les heures.

L'un de mes premiers dessins faits à l'ordinateur:

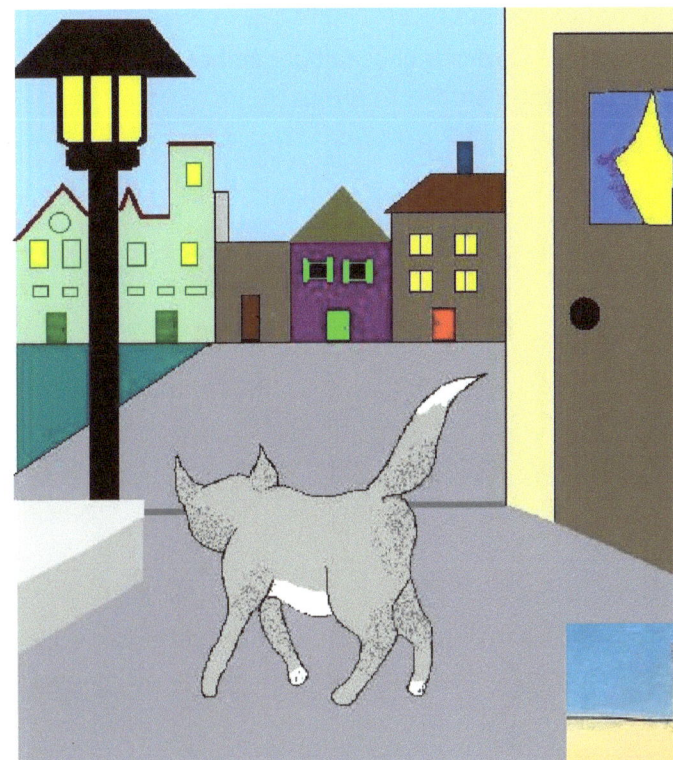

Et la version corrigée
(quand, en désespoir de cause,
je suis retournée à l'acrylique):

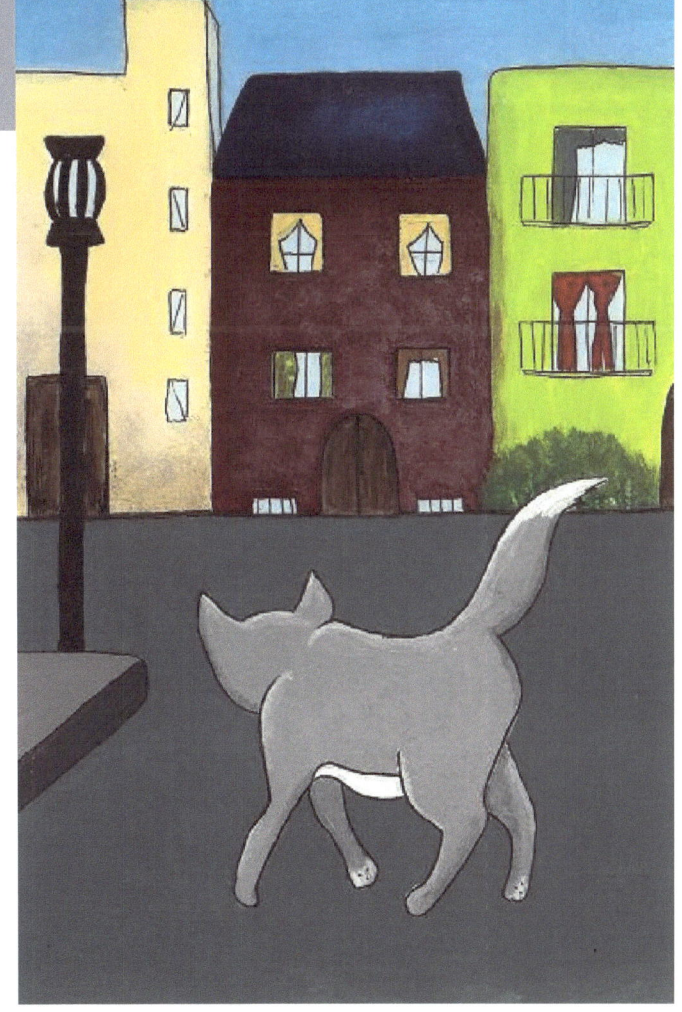

Peindre couche sur couche

Tout comme pour une « vraie » peinture sur toile, peindre à l'ordinateur se fait par étapes, du fond vers la surface, en ajoutant les détails de l'arrière-plan vers l'avant-plan.

Sketch 1: l'idée de base

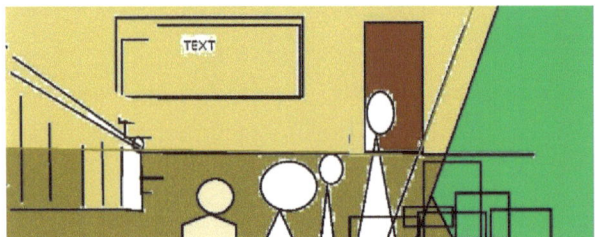

Sketch 2 : le contexte

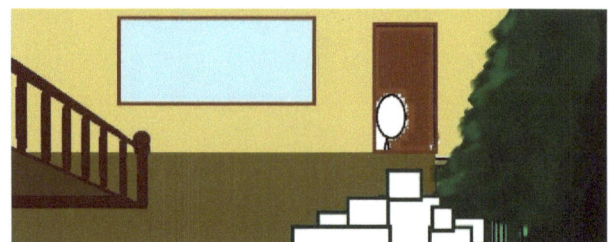

Sketch 3: l'ajout des personnages

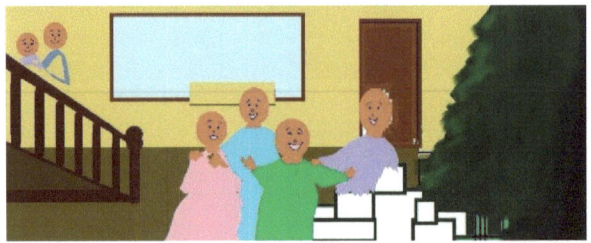

Sketch 4: plus de détails, plus de couleurs

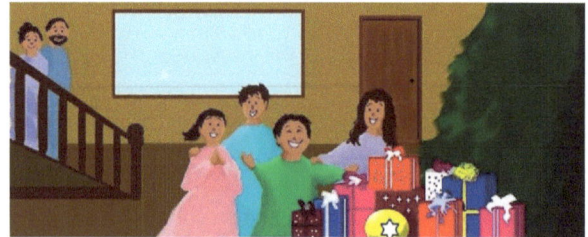

Sketch 5: autres détails, autres couleurs

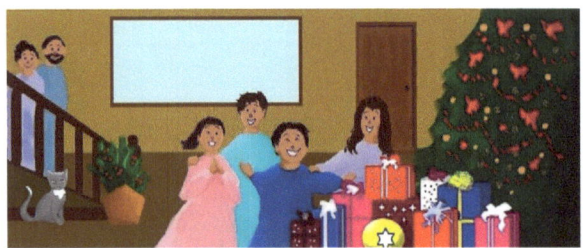

Sketch 6: l'ajout du texte final

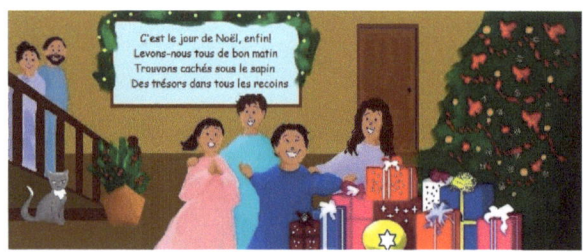

Peindre couche sur couche, bis

Une autre image en développement:

Sketch 1:

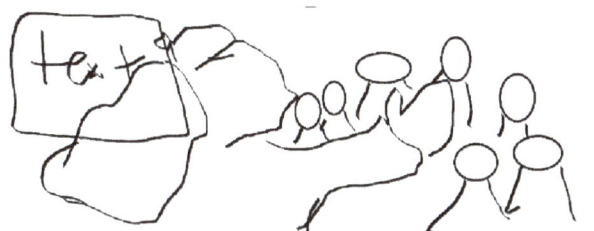

Sketch 2:

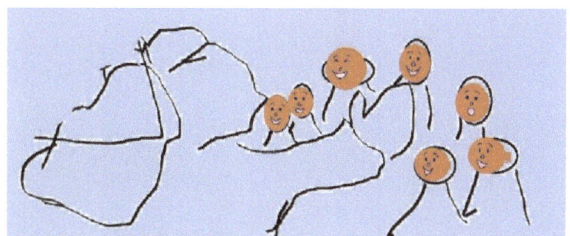

Sketch 3:

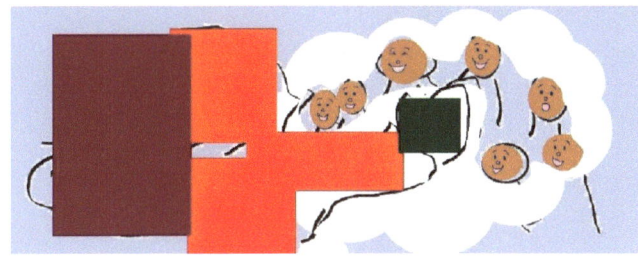

Sketch 4:

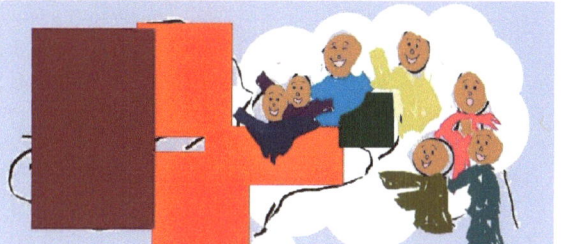

Sketch 9 (!):

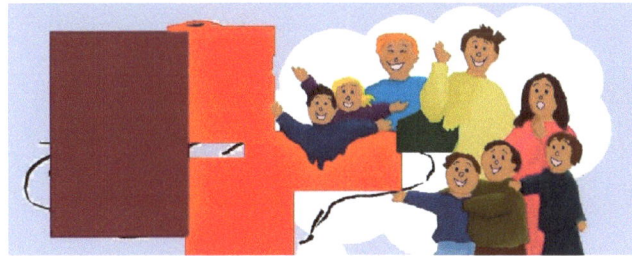

Sketch 13 (!!):

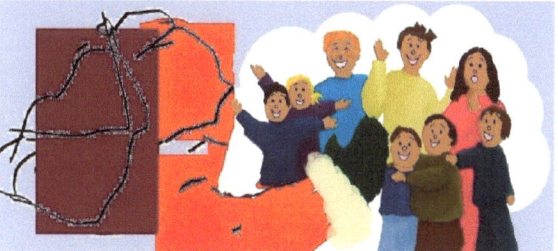

Sketch 17 (!!!):

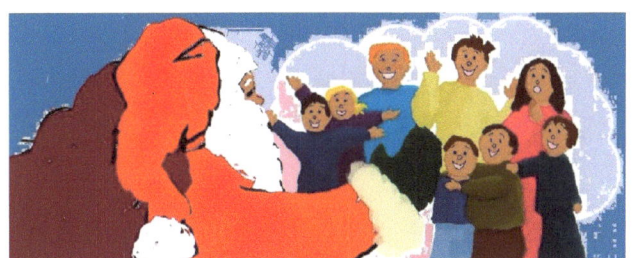

Et l'image finale (ou le sketch 21):

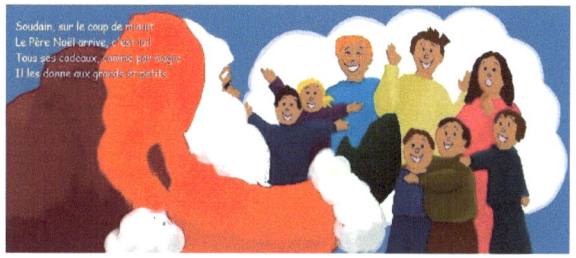

Petite note:

Si vous choisissez d'ajouter du texte par-dessus une image, en juxtaposé (au lieu de réserver un espace à cet effet), sauvegardez une copie de votre dessin sans le texte; il vous sera plus facile d'effectuer des modifications plus tard, qu'il s'agisse de changements apportés au texte ou au dessin lui-même.

Facile à changer:

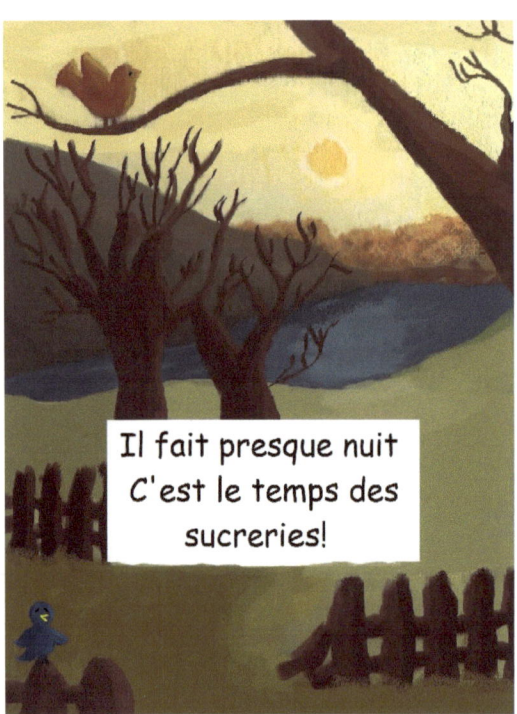

Plus compliqué!

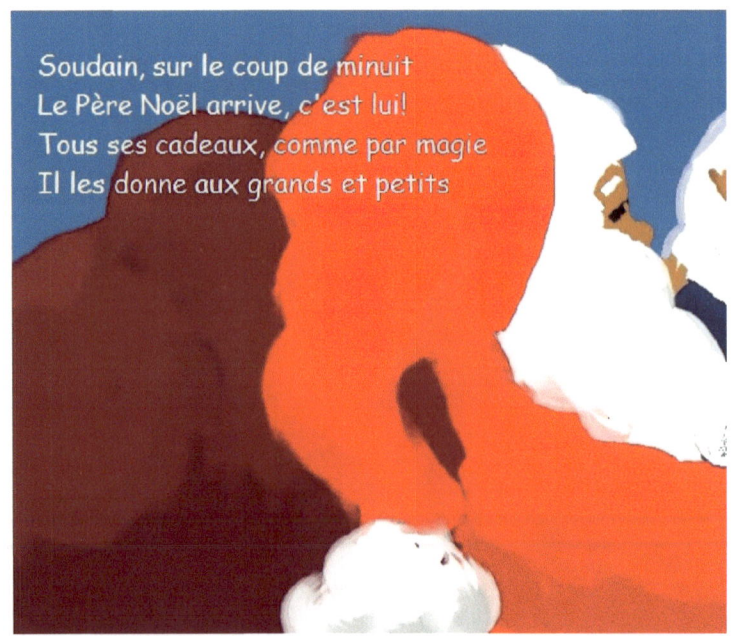

C'est à votre tour!

Alors à votre tour maintenant d'être créatif! Un petit rappel : les histoires pour enfants sont généralement brèves, avec de grandes images, des couleurs vives, une intrigue claire et des personnages bien définis. Je sais qu'écrire un livre – et l'illustrer! – est un projet parfois exigeant, mais c'est un si beau défi… Construire son propre livre, de la première à la dernière page, est une expérience à la fois difficile et enrichissante. Aussi, écrire un livre pour enfants permet de toucher les membres d'un lectorat bien spécial : vos petits lecteurs sont là, prêts à partager avec vous vos pensées et vos sentiments. Alors abordez des sujets et des thèmes qui vous tiennent à cœur, prenez le temps de découvrir votre propre voix, votre propre style, et, surtout, amusez-vous!